JN437157

나는 암소를 죽였다

강희석 시집

을지출판공사

■ 서문

농촌 시의 새 지평 열기를

강 인 섭
〈시인·전 동아일보 논설위원·전 국회의원〉

시인 강희석은 나의 집안 동생이자 고향을 지키는 문중의 든든한 일꾼이다. 더구나 그는 내가 태어나고 소년 시절을 보냈던 고향의 옛집에서 살고 있는 터라 나와는 남다른 인연을 하나 더 갖고 있다고 할 수 있다.

얼마 전 서울 생활을 청산하고 고향에 내려간다고 알려왔는데 그 후 미당 서정주문학관의 문화해설사로 일하는 한편 시인으로 데뷔했다는 소식도 아울러 전해 왔다. 그리고 이번에는 첫 시집 「나는 암소를 죽였다」를 내게 되었다면서 작품 초고들을 보내왔기에 기쁜 마음에 찬찬히 읽어 보았다.

자연과 향토의 정취가 풍기는 작품들 속에서 우리들이 오래 잊고 살아온 농촌 생활의 목가적 분위기를 되살릴 수 있어 많은 공감을 불러 일으켰다. 나이 들어 뒤늦게 시작한 문학공부라고 겸손해 하지만 작품 수준이 상당한 경지를 보여 주고 있는 걸 보면 그의 내면 속에 오래 잠자고 있던 자연과 고향에 대한 뜨거운 애정이 분출한 게 아닌가 싶었다.

아무튼 도시를 떠나 농촌으로 귀향하는 사람들이 날로 늘어가는 요즈음 강 시인의 등장은 우리 시단을 더욱 풍성하게 해 주는 경사가 되리라고 믿으며 농촌 시의 새 경지를 열어갈 그의 작품에 많은 격려 보내줄 것을 부탁드리고 싶다.

2012년 6월

■ 작가의 말

목표는 상념의 덩어리를 덜어 내는 것

-나의 남은 날 맑고 가볍게 살 수 있을 테니

난 태생적으로 나의 의식 속에 늘 희미한 안개를 덮고 있었다. 그것은 약골인 신체와 고질적인 콧병으로 인한 신체의 영향인지도 모른다. 무엇을 볼 때에도 명확한 실체를 보지 못했으며 사리를 분별할 때도 정확한 해답을 알지 못했다. 희미한 안개 덮인 의식 속에서 보는 모습으로 인식하고 문제에 대한 정확한 답보다는 근사치 답으로 접근하며 살아왔다. 항상 무리 속에서 자리해야 안심하였으며 앞서거나 뒤에 처지면 늘 불안했다.

늘 고질적인 콧병으로 시원하게 호흡하지 못했다. 늘 마음마저 답답하고 자유의지를 토로하지 못했다. 외부로부터 물리적인 강압은 없었으나 내가 나를 스스로 구속하는 압박을 느껴야 했다. 소년 시절부터 내 스스로 만들어 버린 압박에 구속당하며 나약해지고 왜소해져 버렸다. 무기력해졌고 무능해졌고 무심해졌다. 나는 나를 무너뜨렸고 어쩌면 자학으로 흘렀는지도 모른다. 의지도 없었고 투쟁도 없었다. 60년은 그런 세월이었다. 내 자유의지를 잃어버린 채 방황한 세월이다.

나의 눈은 왜 옛날로만 향하는가. 나의 생각은 왜 남루

한 농촌, 그 슬픈 고난의 땅 농촌으로만 향하는가. 왜 할아버지 할머니 아버지 어머니의 고단한 몸부림에 애착하는가. 그것은 나를 위해 온전히 전부 바치고 돌아서 가신 옛 어른들에 대한 연민과 죄책과 무능과 무력에 대한 나의 마지막 혼신의 한탄이리라. 옛 어른의 남루와 고난을 걷어내기 위해 아무것도 하지 못한 무능과 죄책에 대하여 그분들을 위로하려는 나의 마지막 기도이리라.

얼굴에 주름잡히고 흰머리카락 덮은 채 옛집에 귀향하니 평생 동안 머리 속을 덮었던 안개가 걷힌다. 숨쉬기도 편해졌고 머리 속도 가벼워졌다. 사람의 윤곽도 선명하게 보이고 사물의 실체도 한결 뚜렷하게 보이고 생각도 명징해졌다. 무엇 때문일까. 쫓기는 일상에서 헤어 나왔다. 무엇을 얻고자 마음을 쓰고 있음에서 벗어났다. 비로소 나무들이 제 뜻대로 잎을 피우고 모두 어울려 숲이 자라는 모습이 보이고 하늘이 흰색으로 파란색으로 때에 따라 제 색깔을 바꾸는 형상이 보이고 장수강은 사시사철 항새를 부르고 강과 항새는 물속에서 또 물빠진 강바닥에서 둘이서만 몇 시간씩 아무도 듣지 못하게 이야기하는 모습이 보인다.

사십 오십 년 동안 머리 속이 늘 어지럽고 무거웠다. 늘 무엇인가에 쫓기며 살고 있었다. 할 일은 많이 무겁게 머리 속을 누르고 있는데 아무 것도 하지 못하고 조바심

하고 있었다. 비로소 알았다. 머리 속에 자리 잡은 무거운 그것들을 하나씩 끄집어내야 한다는 것을 알았다. 지금까지 4~5십 년 살아오면서 쌓인 인연 같은 것, 흔적 같은 것들이 항상 머리 속을 맴돌면서 어지럽히고 무겁게 하는 것이었다. 그것들을 하나씩 끄집어내어 글로 써 보려고 한다. 그것은 나의 살아온 흔적이고 가족사일 수 있다. 또한 주로 6~7십년대 농촌의 일상 같은 것이다. 가난한 농촌에서 극한의 척박한 환경을 극복하고 살아온 아버지 어머니의 삶의 모습은 나의 형성과 상념에 큰 자리가 되었다. 아버지 어머니는 종갓집 대종손 대종부로서 반듯한 위상을 이루기 위한 삶의 노력, 성과가 고을의 모범이었고 나 또한 그것을 이어야 한다는 중압감은 13세 소년 시절부터 나에게도 머리 속을 항상 차지한 무거운 무게였다. 그래서 나는 소년 시절부터 은연중 문중을 항상 생각하는 애늙은이가 되었다.

대개 사람들이 지닌 것들을 하나 둘 내려놓고 정리하는 이순의 나이에 나는 일을 시작하고 있다. 글을 쓰지 않은 사람이 글을 쓴다는 것은 새로 일을 시작하는 것이다. 그렇다고 이 나이에 굳이 글을 써 심금을 울리거나 감동을 주는 뛰어난 글을 쓸 수 있는 자신도 없다. 詩는 짧은 것이 좋은 詩란 것을 알면서도 시력이 일천한 늦깎이로 그 같은 경지에 이른다는 것은 요원함을 알았다. 주저리주저리 엮어 본 잡문이다. 그러나 나에게 있어 글을 쓴다는 것은 머리 속에 남아 있는 무거운 상념의 덩어리를 덜어 내는 것이다. 머리 속을 어지럽게 하는 바람 같은 것을 비우는 것이다. 그리하면 내 머리 속은 한결 가벼워지고 맑아질 것이다. 모든 것을 형체 그대로 선명하게 볼 수 있을 것도 같고 세상 이치의 정확한 원리를 알 수 있을 것도 같다. 그러면 내가 남은 날 머리 속이 훨씬 가볍게 맑게 살 수 있을 테니까.

늦게나마 내가 이렇게 밝은 천지로 나올 수 있게 빛을 비춰 주신 분은 형님이시고 선배님이시다. 시를 사랑하시는 강인섭 형님, 김정웅 선배님, 박호영 학우님은 나에게 문학에 있어 先人이시다. 그리고 내 인생의 동반자로서 벗으로서 정기연, 유상일, 강헌희 님의 무언의 격려가 큰 힘이 되었다. 이분들에게 깊이 감사드립니다. 또한 평생 동안 좋은 책 출판을 위해 혼신을 바치시고 저의 시집 발간을 위해 침침한 눈을 비벼 가며 6월의 무더위와 싸우시는 을지출판공사 윤해규 사장님과 직원 여러분께도 깊이 감사드립니다.

2012년 5월 10일

고향 옛집에서 강희석

차 례

제 2 부 미당의 사후

제 3 부 자연의 경연

제 4 부 자화상

제 1 부

이제 고향에 가면

이제 다시 고향 마을에 가면
멀리 사라진 꽃과 새와 물고기와 노을을
다시 불러 모아
가슴속을 키워주던 노래를 부르리라
그 옛날에 하늘까지 가슴 부풀게 하던
가슴속에 묻어둔 그 노래를 부르리라

오늘같이 쨍쨍한 하늘 있으면

오늘같이 쨍쨍한 하늘 있으면
벼 익는 소리, 콩 여무는 소리
마음속까지 영그는 농부의 벅차오는 가슴

오늘같이 쨍쨍한 하늘 있으면
먼 하늘 떠나시면서 남기신
장롱속 이불에 배인 눅눅한 어머니 한숨
보송보송 말갛게 말리고 싶다

오늘같이 쨍쨍한 하늘 있으면
질마재 문학관 장롱속 솜이불 겨울 코트
검게 배인 미당의 눅눅한 마지막 회한
꾹꾹 눌러 삼키어 가라앉은 회한
말갛게 하얗게 말리고 싶다

오늘같이 쨍쨍한 하늘 있으면
벼, 콩, 수수 모두 짱짱하게 익어라
나는 님의 한숨 회한 말갛게 말리고 싶다

60년대 농촌 마을
- 동네 우물

어스름 새벽
농촌의 하루는 물 긷는 일부터 시작한다
일꾼은 물지게 아낙네는 물동이
어둑어둑 그림자 누군지 모르지만
기침 한번씩 나누면 누군지 알아

식구 많은 큰 집은 물지게 두 번
작은 집은 물동이 두 번
그 물은 온 식구 하루 사는 물
한 모금 한 사발 지독히도 아껴야 했네
세수하고 밥하고 숭늉물 설거지
청소하고 등목하고 소 돼지 물 주고
온갖 일 다해도 빨래 목욕만은 못했네

우리 마을 큰 우물 있었네
팔십 집 팔백 사람 그 물 먹고 살았네
가뭄에도 마르지 않고
팔백 사람 먹여 살렸네

사십 년 오십 년 지나
우물은 묻히고 수돗물은 콸콸

사람들은 떠나고 팔십 명 남아
집집마다 수돗물 빨래 목욕해도
사람들은 떠나고 팔십 명 남아 있네

가을이 오는 질마재에서

소요산 산등성이는 아직도 녹녹한 초록
산아래 마을 늙은 느티나무 잎사귀는
가을빛이 살짝 내려와 누른 빛깔이었네

질마재 밭두렁 사철나무 울타리 위에
빨강 보라 나팔꽃 수수히 웃고 있는데
쏟아지는 햇빛에 고추는 붉고 또 붉고
고개 숙인 갈대는 소슬 바람에 살랑거리네

잠자리는 수숫대 목에 앉아 가을을 듣고
석양에 쫓긴 흰나비 바삐 날아가네
풀벌레는 발끝에서 울고 멀리서 지저귀는 산까치는
알알이 영글어가는 가을을 알리네

아, 님은 오시는가 어디메 넘어 오시는가
흰모시 두루마기 부챗살 휘저으며
아직도 못다 말한 질마재 전설
석양빛 내리기 전에 들어야겠네

■ 시 심사평

강희석 "오늘같이 쨍쨍한 하늘 있으면"

강희석의 詩 "오늘같이 쨍쨍한 하늘 있으면"을 추천한다. 따뜻하고 쾌청한 날씨를 누리면서 만감이 서린 느낌을 시인다운 정감에 실어 읊은 가락이다. 농촌의 정서가 가득 서린 시인의 심성이 우선은 쨍쨍한 날씨의 하늘 아래에서 제일 먼저 떠오르는 것이 쾌청한 여름 날씨로 벼가 익어 가는 소리가 들리는 듯하고 콩이 여무는 소리마저 들리는 듯하여 농부의 가슴이 벅차오는 것이 우선 떠오르는 것이다

이어서 하늘로 떠나시면서 남기신 어머니 한숨이 장롱속 이불에 눅눅하게 배인 것을 보송보송하게 말리고 싶어지고 더 나아가서 질마재 문학관 장롱속에 눅눅하게 배인 미당 서정주 시인의 마지막 회한까지도 꾹꾹 눌러 삼켜 말갛고 하얗게 말리고 싶다면서 다시 되풀이하여 쨍쨍한 하늘 아래 벼와 콩과 수수가 짱짱하게 익는 것과 함께 사무치게 그리운 이들의 한숨과 회한을 말갛게 말리고 싶다는 바람을 詩로 형상화해 보이고 있다

-심사 위원 : 김창직, 김양수, 김정웅

■ 시 당선 소감

자연 속에서 쉬어야겠다고 마음 먹었다

농촌에서 어린 시절을 보내고 15세 소년은 도시로 나와 세파의 격랑과 각박한 경쟁 속에 몸도 마음도 지치고 찌들었다. 이제는 무엇에 기대어 쉬고 싶다. 60 넘은 방랑자가 어디 가서 안락을 찾을 것인가. 주저주저 하다가 찾은 곳, 고향이다. 농촌이다.

그곳에서 소년 시절 누렸던 마음대로 뻗어가던 자연을 찾아보고 싶다. 보리밥 한 그릇도 나누던 포근한 인정을 찾아보고 싶다. 그것은 돌아올 수 없는 꿈인지도 모른다. 그러나 그리던 고향은 이상향으로 언제나 우리 마음속에 깊이 자리 잡고 있어 잊히지 않고 떠오른다. 질마재가 미당의 영혼속에 늘 자리 했듯이.

이제는 자연 속에서 쉬어야겠다고 마음 먹었다. 그러나 무언가 의미 있는 작은 봉사라도 하면서 쉬고 싶었다. 고향인 미당 시문학관에서 봉사할 수 있는 기회를 갖게 되었다. 늦게 찾아온 행운이었다. 미당 문학관을 지키다 보니 자연히 미당을 공부하게 되었고 학창 시절의 문학을 동경하던 향념이 떠올랐다. "늦었다고 생각할 때가 가장 빠른 때이다" 라는 말이 있지 않은가.

자연의 원형, 농촌의 원형을 찾아보고 싶다. 농부의 순결한 땀과 건강한 삶을 찾아보고 싶다. 늦게나마 행운은 겹쳐서 왔다. 고향을 지키는 대선배 김정웅 시인을 모시고 미당 시문학관에서 봉사하게 된 것이다. 고향의 대선배 김정웅 시인의 인도와 격려는 늦깎이 서생이 문학의 길을 찾아 가는데 많은 용기를 주셔서 감사를 드립니다.

70 소년 선배님의 시에 대한 열정을 항상 가슴에 담고 자연의 아름다움과 고마움을 찾아내어 글로 써 보렵니다.

나는 암소를 죽였다

5~60년대 농촌 마을에선
초등학교 학생이나 중학생이 학교 갔다 돌아오면
들판에 소 끌고 나가
풀 뜯어 먹게 하는 일이
날마다 하는 큰 일이었다

언덕이나 밭두렁이나 풀이 무성한 곳이면
끌고 가서 풀 뜯어 먹게 하고
피 팔아먹는 쇠파리도 쫓아주고
털속에 숨어 피 빨던 진드기도 잡아주고
그러나 농작물은 못 뜯게 지켜봐야 하고
해가 너울너울 서산에 걸리면
배가 빵빵해진 암소를 끌고
나도 배가 불러 집으로 돌아오곤 했네

내가 초등학교 5학년 때
어느 날 나는 암소를 끌고 들판에 나가
풀도 어느 정도 잘 뜯어 먹게 하고서
다른 날보다 일찍 집에 돌아와
마당가 말뚝에 소를 묶어 놨는데

조금은 느슨하게 매여 있었는지

소가 이리저리 왔다 갔다 하는 바람에
끈이 풀리어
집마당을 이리저리 돌아다니다가
마루위에 있는 망태기에 담긴
오늘 방아 찧어 수북히 담아 놓은 보리쌀을
맛있게 아주 맛있게 싹싹
배부르게 먹어 버렸네

마당에 모깃불 피우고
저녁밥 먹고 났는데
왜 소가 누워 버둥거리느냐고
아버지 어머니 난리 났다
나중에 알고 보니
배부르게 먹은 보리쌀이
위를 가득 채운 보리쌀이
막 불어나기 시작하여 견딜 수 없었던 것이다

소식 듣고 내려오신 작은 할아버지 두 분과
할머니 아버지 어머니 모두 마루에 앉아
나에게 소 고삐 잡고 마당을 돌으라 하신다
스무 번 서른 번 돌으라 하신다
열 번이나 돌았을까

나는 졸음이 막 몰려오고
소는 배가 터질 것 같아 주저앉아 버리고
할 수 없이 나는 들어가 자 버리고
할아버지 할머니 아버지 어머니는
밤새도록 누운 소를 지켜보고 있었다네

다음날 새벽 일어나 보니
동네 사람들 몰려와서
소 잡아 고기 나누려고 물 끓이고
나는 가만히 누워 있는 암소 얼굴을 보았네
내가 너를 죽였구나
줄만 꼭 매었어도 너는 아무렇지도 않았을 걸
암소에게 죄송하고
나를 따라와 풀만 먹던 암소에게 죄송하고
암소 얼굴 아버지 어머니 얼굴 너무 어른거려
나는 두 달을 숨죽이며 애를 태웠네

다시 경복궁 담장길을 걸으며

광화문 앞에서 북악을 바라보며
4월의 양광속에 경복궁 담장길을 걷는다

높다란 담장을 지키는 은행나무 쭉나무 플라타너스
이제 연녹색 움을 틔우고
통의동 골목길 옛집들 담장너머엔
흰 목련이 꽃잎을 날린다

북악의 산자락은 하이얀 듯 불그스레
청청한 소나무 꽃피는 진달래
천년 만년 북악을 껴안고 있는 산 같은 바위
4월의 경복궁 천지는 대은암 도화동일세

경복궁 담장너머엔
조선 선비들의 두런두런 얘기소리
담장을 누르고 하늘을 찌르는 소나무 정수리
조선 선비의 기개를 키우는구나

허물어져 가는 흙벽에
빛바랜 팥죽색 七宮의 대문
학교 등굣길 보고 싶던 궁녀들
절세로 조선을 홀리고

영색으로 임금을 품었던
일곱 여자의 창포꽃 미소 치맛자락 스치는 소리
삼 년을 기다려도
한번도 보지 못하고 대문만 잠겼었지

오늘은 한번 볼 수 있을까
웃고 있는 장희빈
다시 찾은 칠궁의 대문 앞에서
진달래꽃 불그스런 흙담장 밑에서
기다려지는 조선의 궁녀
열어보고 싶은 신비의 칠궁

* 칠궁 - 칠궁은 조선의 왕들을 낳은 생모지만 왕비에 오르지 못한 후궁 7인의 신위를 모신 묘궁이다. 7궁의 이름은 저경궁, 육상궁, 대빈궁(장희빈의 신궁), 연우궁, 선희궁, 경우궁, 덕안궁이다. 칠궁은 사적 제149호로 서울시 종로구 궁정동에 위치하고 있으며 경복궁의 뒤쪽, 청와대의 오른쪽에 있다.

이제 고향에 가면

마당 가에 매화나무 살구나무 심어
찬바람 이기고 피어나는 빨간 꽃망울을
마당 가득히 한바탕 피우리라

나무들 늙어 넘어지고 듬성듬성한 뒷산에
청청한 소나무 칙칙하게 키워
가 버린 소쩍새 다시 울게 하리라

가슴까지 짙푸른 벼 이랑에 무릎 꿇고
풀들과 수초를 손바닥으로 밀어제치며
미꾸라지 우렁이 물방게와 나란히
논바닥 가득히 후끈한 숨 쉬어 보리라

허리까지 차오른 무성한 콩대 밭에서
턱밑까지 숨막히는 오뉴월 더위에도
해 지도록 풀 뽑고 호미질하며
뻣뻣하게 굳어 버린 허리라도 펴고
서쪽하늘에 번지는 붉은 노을이라도 듬뿍 받아 보리라

이제 다시 고향 마을에 가면
멀리 사라진 꽃과 새와 물고기와 노을을
다시 불러 모아

가슴속을 키워주던 노래를 부르리라
그 옛날에 하늘까지 가슴 부풀게 하던
가슴속에 묻어둔 그 노래를 부르리라

목련꽃 손수건과 편지

4월에 한바탕 펄럭이는
저 순백의 손수건들
목련나무에 걸린 수백 장의
손수건이 산들바람에 나부낀다

스무 날 넘게
하늘을 훤하게 휘날리던
나무에 가득히 걸린 못 부친 편지들
이제라도 부쳐야 할 그 이름을 추억한다

지난 세월 동안 그리워만 하다가
마음속에 차곡차곡 그리움만 채우고
너와 나는 기별도 없이
이렇게 꽃만 피고 지고 흘러 갔구나

그러나 내가 접어 부쳐야 할
편지의 그 이름을 추억하고 있는 동안
꽃잎은 기다려 주지도 않고
작은 바람에 며칠씩 떨어지고 있다

아 나는 올해도
그립고 그리운 그 사람에게

손수건도 편지도 보내지 못하고
떨어지는 흰 꽃잎만 바라보며
안타까운 마음을 방황하고 있다

대나무밭 파 버리고

대나무 사계절 푸르고 곧은 절개
현인 군자는 청청불변한 기상을 따르려고
옛부터 뒤뜰마다 싱싱한 대나무를 가꾸었고

광주리 소쿠리 바구니 갈퀴 울타리
삿갓 우산 피리 퉁우리 망태 죽부인까지
대나무는 너무너무 쓰임이 많아
옛부터 대밭을 황금밭이라 중히 여겼는데

우리 집 뒤뜰에 누대를 내려온 대나무밭
동생과 나는 포클레인 중장비로
무릎 깊이나 깊이 뻗은 대뿌리를 파 버렸네
수백 년간 뻗어 엉킨 긴 역사를 파 버렸네

청청불변 높은 절개 이제 누구도 따르지 않고
60년대 산업화는 썩지 않는 것을 좇아가니
고결한 절개 황금밭은 이제는 아무것도 아니라고
1년 동안 길러 봐도 천 원 한 장 나오지 않는다고
수백 년 길러 오던 대나무밭을 며칠 만에 파 버렸네

진귀한 음식 신묘한 약품과 의술
몸을 살찌우고 온갖 병을 막을 수 있다 하지만

어지러운 우리 정신을 구할 수는 있을까
어디로 가는 것이 복락의 길인가를
수백 년을 이어 오신 조상님은 아실 텐데

제 2 부

미당의 사후

그리고 님은 말씀하시네
도솔산 내원궁 하늘 위 구름 나라에 집 하나 짓고
질마재와 선운산 하늘을 오락가락 하면서
그 하늘 아래 사는 질마재 사람들을
지금도 하나하나 사랑한다고 하시네

고향 마당에서

오, 따사로운 햇빛
부드러운 봄바람 불어와
나는 고향 마당에서
깨어나는 생명의 향연을 기다리노라

냉이와 씀바귀 민들레
매화꽃 송이마다 꿀벌은 잉잉거리고
노란 배추꽃 위에 흰나비 한나절 나들이
제비마저 한 마리 처마밑에 찾아드네

돌아온 4월은
다시 깨어난 생명의 불꽃이다
흙밑에서 기다린 생명의 이김이다
흙밑에서 간직한 생명의 뽐냄이다

오, 은혜로 가득한 자연이여 하늘이여
빨갛게 멍든 동백꽃잎과
하늘을 가득 덮어 버린 순백의 목련꽃잎과
저 푸른 잎속에 한 떨기 노란 수선화
웅크렸던 가슴이 오늘 무르녹는다

멀리 떠나간 동무여

아들 딸들이여
돌아오라 이곳으로
햇빛 쏟아지는
생명이 살아 어우러지는 초록 꽃밭으로
배추꽃 장다리꽃 노랑 마당에서
함께 모여 꽃잔치를 펼쳐 보자

과부 며느리의 고추 따는 마음

창포빛 하늘 따끈한 햇살을 안고
나는 먼 하늘에 있는 님을 만나러 간다
하늘 떠난 님이 내려오는 고추밭에 간다

빨간 햇살 파란 햇살 스며들어와
고추는 붉게 또 붉게 얼굴을 붉히고

초록치마 위에 수놓은 작은 흰 꽃들은
내 처녀 시절 잠 못 이룬 수많은 밤에
누구실까 어디 계실까 만날 님 그리며
마음에 아로새긴 작은 미소들

흰꽃잎 초록 치마 열어젖히면
먼곳 떠나가신 내 님 햇살 타고 내려와
고추장 붉은 얼굴 수많은 얼굴
하늘에서 내려와 말없이 매달려 있네

고추 하나에 한 밤, 고추 둘에 두 밤
그 옛날 지난밤 수많은 이야기
해 지는 줄 모르고 따 모으는 사랑 이야기

시어머니 고추 따는 마음은

먼 곳에 나가 사는 아들 딸에게
과부 며느리 고추 따는 마음은
하늘끝 호올로 가신 님과의 사랑이야기

나무 울타리 집에서 살리라

마당앞에 기다란 나무 울타리 치고 싶다
싸릿대 대나무 솔가지 무엇도 좋으리
울타리 뒤로 지나가는 사람 얼굴 보지 않아도
나뭇가지 틈새로 보는 그 사람 그림자 알 수 있게
듬성듬성 엮어진 나무 울타리 치고 싶다

오래도록 기다리던 사람
돌아서 들어오는 울타리 치고 싶다
모시 두루마기 부챗살 흔드는
무명저고리 은비녀 꽂은
꿈속에 가물가물 아버지 어머니
고요히 들어오시는 울타리 갖고 싶다

마당 가에 군데군데 남은 눈 얼었어도
봄을 맞고 싶은 조급한 마음에
얼굴 시린 찬바람에 손가락 얼면서
마당앞 길 따라 대나무 울타리 둘러쳤다

울타리를 잡아줄 통나무 박으려고
언덕앞 남쪽 땅을 두어 삽 팠더니
수선화 연두색 새싹이
땅 위로 밀고 올 듯이 기다리고 있다

계절은 땅속에서 먼저 돌아가고
땅 위에선 나중에 따라가는 것임을 알았네

대나무 울타리 위에는
완두콩 나팔꽃도 기어오르게 하고 싶다
완두콩 자주꽃 위에 흰나비도 날아오고
꿀벌도 잉잉거리게 하고 싶다

그러면 나는
완두 꽃들과 나비와 꿀벌과 어울려
오래도록 그리운 사람 기다리면서
살랑이는 봄바람 봄내음 끌어 모아
보드라운 햇빛 넘치는
시를 쓰고 싶다

마당의 향연

2월에도 밤새 쌓인 눈을 쓸며
마당에 내리는 눈부신 아침 햇살에
다이아몬드처럼 빛나는 보석을 보았다

3월 초에 마당가 양지 녘에
냉이 씀바귀 민들레 움트는 새싹에서
겨우내 기다린 연둣빛 꿈을 본다
불멸의 끈질긴 생명의 경이로움을 본다

4월이면 마당은
앵두와 목련꽃의 흰색 물감과
수선화 민들레 씀바귀 장다리의 노랑과
붉디붉은 동백과 철쭉의 빨강으로
마당에는 한 폭의 수채화가 그려진다

장다리꽃과 날아다니는 흰나비와
매화꽃 송이마다 장다리 노란 꽃 속에서
잉잉잉 울어대는 꿀벌의 향연이다

얼마 만인가 이만한 꽃의 향연을
이만한 나비와 벌들의 생동하는 향연을
눈부신 하늘과 햇빛과 살랑이는 봄바람

돌아오라 꽃밭으로
동무여 아들 딸들이여
꽃과 나비와 벌들과 바람과 하늘은
맑은 햇빛 속에 한바탕 꽃잔치를 차려 놓고
그댈 기다리노라

옛날 우리 마을 청년들은

옛날이라 해도 50년 전쯤
사일구 오일육 정치 소용돌이치던 무렵
우리 마을 청년들은 놀거리가 별로 없었다
아침밥 먹고 나면 늘상 학교 가듯이
청계정사 앞 마당에 나와 쭉 늘어서서
무슨 재미 있는 일을 기다리곤 했다

초봄 아직 쌀쌀한 날씨에는
재기차기 시합이 자주 있었는데
그중에 방원이 아재는 국가 대표급이었지
한 손을 등뒤에 붙이고 차기 시작하면
오줌 싸고 돌아와도 200개 넘어 아직 세고 있다
숨소리도 가쁘지 않게 가뿐히 300개 넘기던
부러운 재주꾼 방원이 아재

경칩 지나 햇볕이 조금 따뜻해지고
성틀봉 산골짜기에 물이 졸졸 흐르면
도래알 주워 먹으러 연화골에 몰려 가기도 하고
우리는 진달래꽃 꺾어 먹을 궁리를 했다
무슨 달콤한 맛은 아니었지만
싱그런 풀 냄새 꽃 냄새 나는
연분홍 꽃잎과 꽃술을

함께 씹어보는 진달래 비빔밥
그것은 봄철에만 몇 번씩 맛보는
배고픈 청년들의 색다른 간식거리였다

여름철엔 앞 냇가에서
발뒤꿈치로 물속 모래밭에 골을 타며는
모래밑에 숨어 있다 놀라 뛰어나와
다시 모래밑을 파고 숨어드는 모래무지와
병쐐기 된장맛에 홀려 들어온 꽃피리 잡아
시래기 해물탕에 한바탕 배를 채웠네

어느 날엔 보또랑에 나가 메기나 붕어를 잡았다
물 가득 흐르는 또랑속 흙벽에 구멍이 있고
그 속에 메기와 드랭이나 참게가 숨어 사는데
아무나 그 속에 손을 넣지 못했다
한번 물리면 몇 달간 손을 못 쓰니
그러나 방원 아재는 구멍속을 들여다보는지
물리지도 않고 메기 참게를 잘도 잡아냈다
메기 참게와 애호박을 같이 지지면
보리밥 두 그릇도 눈 깜짝할 사이에 비웠다

가을에는 농사일 너무 바빠
같이 몰려 다닐 시간이 없었지만
그러나 추수가 끝나고 조금 쌀쌀해지면
방원이 아재는 또 한번 상종가 친다
느라줄 총으로 참새 사냥을 시작한다
온 마을 탱자나무 울타리 무궁화 울타리를
하루에도 서너 번씩 숨소리 죽이고 돌아다니며
하루에 열 마리는 보통
참새가 졸려 낮잠 자는 날은
스무 마리까지 잡아서
아버지께 참새구이 술안주로 효도했다네

옛날 그것들은 돈도 안 들이고
마당이고 들판이고 산이고 냇가에서
맨손으로 잡고 맨발로 차고 놀았으나
해 가는 줄 모르고 뛰어오르던 사람들
그것이 오늘 그립다

장수강의 학은 어디에서 사는가

이른 아침 장수강 옆길을 달려갈 때
물빠진 강바닥에 외발로 서서
강심을 노려보는 서너 마리 학들

해 질 녘 장수강 옆길을 달려올 때도
학은 강가 진흙 뻘밭에 외발로 서서
흘러가는 강물을 뚫어지게 내려본다
백년 천년 한곳에서 강심을 내려본다

천년을 산다는 학은
미당이 손님처럼 반기던 장수강의 학은
지금 내가 아침 저녁으로 만나는 학들과
같은 놈일까 아들 딸일까

어쩌다 한번씩은 날개를 펄럭거리며
막대기처럼 가느다란 두 발을 쭉 내려 뻗고서
변산반도 쪽 바다로 너울너울 날아가다가
바닷물까지는 가지 아니하고
선운산 기슭으로 날아가기도 하고
한번 휘돌아 소요산 속으로 날아가기도 하고

그러나 이른 아침부터
해 질 녘까지 장수강 강물 속을 노리고 서 있는
그놈의 학들은 밤이 되면 어디에서 자는가
하루 종일 강물속을 내려보며 풍천장어 기다리는
기다리다 기다리다 목이 구부러진
가끔은 풍천장어도 골라먹는 장수강 학들은
천년 동안이나 어디에서 사는가

미당의 사후(死後)

2000년 12월 24일
함박눈이 펑펑 쏟아지는 밤
도시의 병원 침상에서 눈 감으시고
그날 밤 영혼은 서둘러 질마재로 오셨다

까까머리 소년이 질마재 떠나
종로구 명륜동 중앙교정에 들어간 이후
말씀 찾아 글 찾아 시국 따라
이리저리 오르락 내리락
떠돌이 떠돌이 80소년 떠돌이

얼굴도 다리도 손도 멍들고 찢기고
위장도 창자도 마음도 긁히고 쓰리고
억지로 70년간 참아온 타향살이
하룻밤도 편히 쉴 수 없어 눈 감은 날
그 밤에 질마재로 서둘러 내려왔네 눈 맞으며

11년 지나 어느 밤 꿈속에 나는
그곳에서 님은 무엇하시는지 궁금하여
복분자 술병에 풍천장어 구워
구만리 높이 그곳에 가 보았네

님은 웃고 있었네 얼큰히
복분자 아니고 육자배기 막걸리가 좋다고 하시네
영산홍 붉은 날 소요산에 앉아
밤새도록 소쩍새 소리 듣는다고 하시네
여름에는 변산반도 산줄기 쪽으로 시꺼멓게
몰려가는 천둥 먹구름도 가끔 본다고 하시네
모시밭 울타리 구불구불 마을 길가에
무서리 맞으며 핀 샛노란 국화꽃 보며
가을 내내 누님 생각한다 하시네

그리고 가끔은 수다동 뒷산에 사는
천년을 사는 장수강 학들과 함께
곰소 바다 넘어 칠산 바다까지
불그스레 가라앉는 햇덩이를 보러 간다 하네

그리고 님은 말씀하시네
도솔산 내원궁 하늘 위 구름 나라에 집 하나 짓고
질마재와 선운산 하늘을 오락가락 하면서
그 하늘 아래 사는 질마재 사람들을
지금도 하나하나 사랑한다고 하시네

가을의 기도

다시 가을 들판에서 곡식을 거둔다
마한 백제 조선부터
하루 만에 지구 몇 바퀴 돌아보는 21세기까지
수백 년 수천 년 일구어온 이 땅에서
아버지 어머니 할아버지 할머니가
일구어 물려준 이 땅에서
오늘 다시 곡식을 거둔다

아버지 어머니의 땀과 노동이
위로 위로 할아버지 할머니의 땀과 노동이
백년 천년 이어지고 쌓여서
거름과 물로 이어지고 차곡차곡 쌓여서
우리는 역사의 들판에서 곡식을 거둔다

땅과 하늘의 역사가 끝없이 이어지듯이
할아버지 할머니의 역사도
위로 위로 끝없이 이어지는 것이니
아버지 어머니의 땀과 노동이 우리를 살렸듯이
위에 계신 할아버지 할머니의 땀과 노동도
우리를 끝없이 살려 주고 있으니

오늘 우리가 얻는 고귀한 곡식은
땅과 하늘의 수천 년의 키움과 보살핌
할아버지 할머니의 수천 년의 땀과 노동의 바침

가을에는 땅과 하늘에 감사의 기도를 드리자
증조 고조 할아버지 할머니께 기도를 드리자
모든 할아버지 할머니에게 기도를 드리자
들판에서 기도하는 밀레의 만종에서 보듯이

도시와 농촌의 3일(12월)

그제 저녁 서울 대림동 오리고기 집에서
우리 아파트에 오래 같이 살았던 친구들과
1년 만에 만나 고기 먹고 소주 마셨다
사람들로 북적이던 오리고기 집
열 명씩 일곱 명씩 불판 주위에서
고기 굽고 웃고 떠들썩 모여 앉아
그들은 그들대로 도시의 방식대로 살고 있다
1년 동안 귀농해 버린 나는
벌써 거기에서 멀어져 가고 있다
나는 옛날처럼 술을 열심히 마셔보았다
나는 도시에 익숙해지지 않고 술만 취했다

어제 아침은
숙취한 머리 속이 조금 어지러웠지만
거무스레한 관악 산맥의 긴 능선을 보았다
그리고 사당동 뒤쪽 관악에 오르는 붉은 해를 보았다
봄 여름에는 아차산에서 떠 오르던 아침 해가
오늘은 사당동 뒤쪽 관악산에서 넘어왔다
이십 년 삽십 년 오르던 관악산
나는 이렇게 주름도 늘어가고 얼굴도 패여가고
시간은 어김없이 흐르고
모든 것이 변하고 쇠한다고 하지만

변하지 않은 것은 관악일세
우주의 중심인 해마저도 때에 따라 자리를 바꾸건만
관악은 그 얼굴 그림자 그곳에 있네

오후에 떠나는 고창행 직행버스
내 영혼이 남아 있는 농가
마당과 지붕을 얼려버린 겨울 하늘
진돗개 두 마리가 나를 기다린다
진돗개가 뿜어주는 뿌우연 김이 내 가족의 온기다
아 이제는 어떻게 살아야 하나
방 안엔 온기도 없고 숨소리도 없으니
이제는 가족이 흩어지고
사람들이 모두 떠나가고 없으니

오늘은 6시에 일어난다
희끄무레한 여명이 창문을 비친다
창문을 여니 온통 흰세상이다
지붕과 마당, 앞들과 산, 고요한 마을
흰 옥양목 홑이불을 덮어 버렸다
나는 마당에서 길에서 눈을 쓸어 보았다
50년 만에 고향 옛마을에서 눈을 쓸어 보았다
눈에서는 차디찬 보석이 반짝반짝이고 있다

차가운 눈속에서 이틀 전의 숙취가 얼어버렸다
숙취한 머리 속이 희게 맑아졌다

제 3 부

자연의 경연

나는 언 땅속의 저들의 속삭임 들으며
힘을 다해 땅을 밀어 오르는 새싹의
힘쓰는 거친 숨소리 들으며
풀잎과 나뭇잎의 보이지 않는 자람을 보며
낮동안 쉬지 않는 새들의 지저귐을 들으며
저 아름다운 경연에 함께하고 있다

봄나물 된장국

3월 초가 되자 여기저기서
냉이 달래 씀바귀 캐러 간다고
질마재 남자들도 한나절씩 들판을 다녀왔다

나도 하루 날잡아
봄나물 캐며 봄냄새나 맡아 볼까 하다가
미리 갖다 논 닭고기 국 다 먹은 후
봄나물 된장국도 먹어야지 하면서 늦추었다
3월 중순 마당 가에 살구나무 심다가
듬성듬성 납작하게 벌어진
씀바귀와 시금치 몇 포기를 캤다

내가 아는 봄나물 된장국 상식은
잎사귀와 뿌리까지 함께 넣는 것
시금치는 비타민을 살리기 위하여
다른 것 많이 끓인 후 나중에 살짝 끓인다는 것
그래서 씀바귀 푹푹 끓인 후 시금치 넣었다

끓인 후 국물 맛보는데
앗, 쓰다
씀바귀가 쓰다는 걸 이제 알았네

시금치 잎사귀는 잘 익었는데 뿌리는 생생해
봄나물 시금치 뿌리는 먹지 않는 걸 이제 알았네

씀바귀 쓴맛은 야릇하게 좋다
씀바귀 쓴맛 후에 봄 입맛 돌아온다
익모초 쓴맛 후에 여름 입맛 돌아온다
쌉싸름한 씀바귀 시금치 뿌리 된장국
시금치 뿌리 익을 때까지
재탕 삼탕 끓여 먹으리라

11월 늦가을 아침에

11월만 되어도 아침이 늦게 온다
7시가 되어야 어스름이 걷힌다
입동이 지나니 스산한 겨울을 느낀다

7, 8월 아니 9월까지도
그 이글대던 태양 넘치던 햇빛
이제는 자주 끼는 초겨울 안개에 흐릿해지고
느지막이 떠올라 오후가 되면 어느새 사라지고
하루 종일 젖은 메리야스 한 장도 말리기 어려운
늙어가는 서늘한 햇빛
아 그리운 양지 녘의 추일 양광

온 산을 덮고 들판에 가득한 나뭇가지들
가지마다 너울거리던 푸른 잎사귀
우릴 위해 수액 바치고 몇 번 서리 맞으니
잎사귀들 누르스름 불그스름 멍이 들어서
흔들리다가 흔들리다가 땅 위에 떨어지고

바람에 날려 구르다가 어느 흙구덩이에 떨어지고
너 위에 먼지와 마른 풀잎이나 지푸라기들이 쌓이고
너는 어느 날 비가 내려 축축한 채 땅에 묻히고
너의 살은 다시 산천 초목의 양식이 되고

수액은 하늘로 올라 욕계 제2천에 머물다가
비가 되어 이 천지에 다시 내려온다 하니
초목과 사람의 윤회가 모두 미당의 말씀이다

11월의 햇빛은 야위고 식어서
우리가 거친 언덕 올라갈 뒷받침을 주지 못하고
열매를 살찌게 할 보살핌도 내릴 수 없으니
세찬 눈보라가 몰아치는 그날까지 힘껏 매달려
껍질속 텅 빈 추위에 떠는 어미에게 숨결이나 보내다가
그리고 할 수 없이 떨어져 내려
어딘지 모르고 구르다가 눈밭을 지나
내년 봄 따스한 햇빛 속에 다시 만나자

오늘 이 서늘한 아침에
펄펄 날리던 청춘의 잎새들은 모두 떠나고
물기마저 말라버려 거칠고 외로운
나무와 곡식의 뼈대
할아버지 할머니의 숨결이라도 느끼고 싶다
쌀쌀한 마루에선
어머니의 온기라도 느끼고 싶다

한 해를 힘쓴 나무여 곡식나무여
너의 핏물을 뽑아내고 너의 살마저 나누어
우리에게 이렇게 살찐 양식을 주었으니
보이지 않는 보이지 않게 하려는
세상을 살리는 힘 거룩한 힘
가을 아침에야 알게 되는 너의 위대한 힘

눈〔雪〕 쓰는 아침은 행복하다

간밤에 눈이 오면 난 참 행복하다
아침 유리창 너머 보이는 흰 지붕과 앞산
집앞 마을길 눈 쓸 일로 가슴이 설렌다
고요의 마을에서 눈 쓰는 아침은 행복하다

거무스름한 방장산 능선 위로 불그스레
퍼져 오르는 햇빛
늙은 감나무 가지에 걸린
얼어서 붉게 부풀어 오른 해
마당을 가로질러 쇠매뚱으로 날아가는
밤새 떨던 한 마리 직박구리
찬 햇빛 퍼져오는 이 겨울 풍경화
행복 충만하다 이런 아침에는
머리 속이 얼음장 속처럼 차고 맑고
방장산 위로 순백의 희망이 솟아오른다

눈 쓰는 일은 안부를 묻는 일이다
마당 눈을 쓸고 마을 길로 나가면
옆집 85세 장두 당숙모는 집앞까지 벌써 눈을 쓸었다
뒷집 광원 아재는 뒷 잔등까지 벌써 눈을 쓸었다
마당을 쓸고 뒤뜰로 가면

눈 밭에 뒹굴며 가슴까지 뛰어오르는 진돗개
아 밤새 모두 안녕하시구나

눈 쓰는 일은 힘이 솟는 일이다
눈을 싹싹 쓰는 소리 들으면서 나는
먼 옛날 고요의 마을로 돌아간다
옛날 할아버지 기침 소리도 들리고
할머니 숨결도 들린다
그렇게 한참 쓸다 보면
가볍게 몸으로 퍼져오는 열기
따뜻한 어머니 숨결 몸을 녹이는 열기
눈을 쓸면 힘이 솟는구나

눈 쓰는 일은 보석을 줍는 일이다
마당에 마을길에 쌓여 있는 하얀 쌀가루 위에서
수정처럼 반짝이는 보석을 줍고 있다
지붕 위에 마당에 수북히 쌓인 쌀가루와
쌀가루 위에서 반짝이는 보석을
나는 마음 창고에 담고 있다
내 마음은 쌀가루와 보석으로 가득 차버려
순백의 빛남으로 너무너무 배가 부르다
아 눈 쓰는 아침은 행복하다

눈이 시린 자는 돌아오라
마음이 고픈 자는 돌아오라
어깨가 무거운 자는 돌아오라
따뜻한 숨결이 그리운 자는 돌아오라
행복이 숨어 살고 있는 이곳으로

예스와의 이별 여행

신묘년 6월에 진돗개 강아지 두 마리
경기도 남양주 양계장 농장에서
육백 리 길을 일톤 트럭 뒷칸에 싣고
동생이 삼양라면 상자에 담아서
멀리 멀리 고창 땅에 데려다 놓았네

한 달 동안 낑낑거리며 젖만 찾고
밥도 잘 안먹어
나는 내 반찬으로 서울에서 갖다 논
멸치 볶음과 오징어채 볶음을
가위로 잘게 잘게 작게 잘라서
밥에 섞어 먹이면서 조심조심 키웠네

두달 세달 크면서
귀가 쫑긋 서고
나만 보면 가슴팍까지 앞발로 올라 타고서
쉬지 않고 꼬리 흔들면서 좋아 날뛰는
메리와 예스 진돗개 두 마리
고창 땅 시골 우리 집 한식구 됐네

다섯 여섯 달 키우다 보니
암놈 수놈 같이 있으면 안된다기에

메리는 가슴까지 막힌 담장에 가두고
예스는 뒷마당 빈 터에서 키우는데
메리는 하루 종일 담장 위로 머리를 내밀고
답답해서 못살겠다고
안방에서 왔다 갔다 하는 나만 보고 있으니
아무래도 밖으로 끌어내 살게 해야겠다

세달 네달 커서 상당히 큰 후에도
사료만 주면 잘 안먹을 때
동원참치 캔 따고 참치 비벼 주기도 하고
돼지고기 두 근 사서 삶아 주기도 하고
한식구처럼 동원 참치랑 돼지고기랑
나와 개가 나눠 먹고 살았는데
여덟 아홉 달 되니 큰 개 되고
혼자 사는 나는 먹이는 것도 만만찮고
며칠 집 비우면
그놈들 밥주는 것도 걱정된다

아무래도 한 마리는 누구에게 보내야겠다
이별을 생각하니 여러 걱정이
어떻게 해야 하나 누구에게 보내야 하나
여럿 걱정이 자꾸 어른거린다

임진년 2월 예스를 보낸다
질마재에서 가장 실한 청년
최윤종에게 보낸다
그 대신 보신탕으론 절대 안보낸다는 약속 받고
나는 질마재 문학관 옆집에 보내기로 하였다
삼사일 만에 돌아오는 문학관 근무 날에
내가 한번씩 꼭 볼 수 있도록
질마재 털보 청년 최윤종에게 맡기기로 하였다

사십 리 길을 예스의 목도리 쇠줄을 잡고
같이 걸어서 이별 여행을 하였다
가지 않으려고 몸부림치며 버티는 그놈에게
보신탕으로 가는 것은
내가 꼭 막아 주겠다는 약속을 하고
그와 나 3시간 동안 같이 걸어가면서
세 시간 동안 쇠줄을 흔들며
내 마음의 약속을 알려 주었다
세 시간 걸어 윤종이네 집에 도착하여
오랫동안 쇠줄 크게 흔들어 주었더니
그놈도 알았다며 내가 떠나 사라질 때까지
꼬리 흔들며 눈길 주고 있었다

4월에 만나는 두 여인

나는 4월이면 두 여인을 만난다
나의 뜰에 찾아오는 두 여인을 그리며
봄을 기다린다
4월을 기다린다

동백기름 반지르한 저고리 잎 사이로
붉디붉은 입술을 오므리고 있다가
초봄 어느 날부터
방그레 웃어 젖히는 저 빨간 아가씨들

나는 빨간 입술 입술 앞에서
한 이십 일 같이 웃다가 웃다가
그 입술 입술 어느새 가 버리고
빨갛게 멍이 들어
모가지까지 떨어뜨리고
바다로 떠나가는 여인을 보내고 있다

4월이 익으면
노곤히 익으면
돌아오는 누이 같은 여인은
동백나무 밑에 키 작은 모란
하얀 듯 발그레한 뺨

동그스럼 발그레한 볼 위에
보드라운 명주베를 덮고

나는 그 발그레한 빰
그 발그레한 볼 앞에서
웃고 싶어도 웃고 싶어도
웃지 못하고
빰만 빰만
볼만 볼만

기다리다가 기다리다가
웃다가 웃다가
애만 태우고 애만 태우고
아 4월은 가 버리고
아쉬워 아쉬워

자연의 경연

내 고향 집 마당에는
봄부터 가을까지 경연이 있다
아니 추운 겨울 땅속에서부터 경연은 시작된다

2월에만도 군데군데 잔설은 남아 있고
아침 저녁 서늘한 바람 속에 움츠리고 살았지만
나는 한낮에는 따스한 양지 녘 담장밑에 앉아
흙바닥을 쓸어 보며 새싹을 기다리고 있다
새들도 햇빛 내리는 나뭇가지에 모여 앉아
날개 접고 한나절씩 앉아
봉긋이 올라오는 새싹의 숨소리를 기다리고 있다

3월에 냉이 씀바귀 민들레
농가 마당 양지 녘에서 가만히 솟구쳐 오른다
앵두 매화 가지에 솜털 꽃순이
아무도 모르게 부풀고 있다

겨우내 그리고 초봄까지도 아무도 모르게
풀들은 땅속에서 숨을 죽이며 힘을 모으고
나무는 줄기까지 물을 뽑아 올려 물기를 채우고는
3월 어느 날 햇빛 따스한 바람 한번 스치면
보일 듯 말 듯 새눈을

병아리 눈물만큼 내밀고는

그러나 지금부터 너와 나 나와 너
모두는 가을까지 경연하고 있는 것이니
아니 땅속 강물까지 얼어붙은 겨울부터
햇빛 서늘한 늦가을 열매 거둘 때까지
숨 가쁜 경연을 펼치고 있는 것이니

4월 나의 뜰 나의 마당은
복숭아꽃 살구꽃에 불그스런 하늘
씀바귀 민들레 연녹색 융단을 깔았다 님 위해
목련은 하늘 가득 손수건을 걸어 놓고
기다리다 지친 동백은 모가지를 떨군 채
새빨갛게 목놓아 울고 있다

마당에 솟아오르는 모든 풀들과
울타리 가에 서 있는 살구나무와 감나무
뒤뜰의 매화 대추나무 그리고
언젠가는 꽃피우는 모든 나무들은
저 깊은 땅속에서부터
저 펄펄 눈날리는 겨울 땅속에서부터
숨가쁜 경연을 시작한다

누가 더 예쁜 꽃을 피우는가
누가 더 실한 열매를 맺는가
꽃과 나무들은 경연한다
누가 더 아름다운 노래를 부르는가
누가 더 높이 솟구치는가
뻐꾸기 종다리도 경연한다

마당에는 봄부터 경연이 펼쳐진다
꽃과 나무와 새들의 경연이 펼쳐진다
햇빛은 따스하고 바람이 살랑인다
하늘과 땅이 밀어 주는 경연이다 향연이다

보라 저 아름다운 자연의 몸짓을
보라 저 평화로운 자연의 속삭임을

나는 언 땅속의 저들의 속삭임 들으며
힘을 다해 땅을 밀어 오르는 새싹의
힘쓰는 거친 숨소리 들으며
풀잎과 나뭇잎의 보이지 않는 자람을 보며
낮동안 쉬지 않는 새들의 지저귐을 들으며
저 아름다운 경연에 함께하고 있다

추일 서정

쨍쨍한 햇빛 푸른 하늘이 좋아라
황금빛 들녘 위로 가을이 출렁이고
먼산에 소나무들 초록이 더욱 짙구나

쨍쨍한 햇빛 푸른 하늘이 좋아라
초록 감 초록 대추 속으로
빨간 햇빛 노란 햇빛 스며 들어가
초록은 날아가고 빨간 덩어리

익어 가는 키다리 수숫대 끝에서
잠자리는 끄덕이며 가을 오는 소리 듣고
감은 붉어지고 밤은 벌어지고
쓰르라미는 쓰르쓰르 가을을 재촉하네

서늘서늘 부는 바람 먼 하늘이 좋아라
오뉴월 젖고 젖은 어머니 삼베 적삼
오뉴월 축축이 젖은 아버지 등 줄기
고실고실 가벼웁게 말리고 가네

일렁이는 초록 들판, 출렁이는 가을
밭이랑 논이랑 익고 차올라

넘실대는 들녘 마음속까지 가득
기다리는 농심, 벅차오르는 농심

서당이 할아버지 익사 사건

서당이는 2011년 질마재에 사는 장년 남자다
얼굴은 거무스름하고 수염을 거뭇하게 길러
어깨가 떡 벌어진
그리고 이술 저술 온갖 술에 도통한
말씨와 웃음이 느긋한 청년 같은 장년이다

서당이 아버지 할아버지는 질마재에 사셨다
아니 증조 고조 먼 웃대 할아버지까지
백 년인지 오백 년인지 질마재에 오래오래 살아왔다
서당이 할아버지는 용케 징용은 피해
회갑을 앞두고 산다랑이 논농사나 지으면서
가끔은 논두렁 옆 방죽에서
알몸으로 목욕도 하고 살았는데

어느 핸가 아들 돌 잔치를 위해
8월 돌찬치에 올벼 떡이라도 해볼라고
서당이 할아버지는 7월 땡볕에
후끈거리는 벼 포기 사이를 헤치며
뜨거운 김매고 돌아오는 길이었는데
하도나 뜨거운 한낮이라서
논두렁길을 지나다가
길 옆 방죽에서 알몸으로 목욕하고 있었는데

그때 마침 멀리 지나가는 아낙네를 보았네
우물로 빨래 가던 아낙네 물동이를 보았네
물동이 이고 가던 부인이 내 몸뚱아리 보았다고
할아버지는 그만 너무 부끄러워
할아버지는 그만 너무 부끄러워
알몸을 웅크리고 물속에 몸을 숨기려고 가라 앉았는데
조금만 앉아 있다가 올라올 거라고 마음 먹었는데
할아버지는 오래오래 올라오지 않으셨다

조선의 할아버지 아버지께서는
흙담장이 둘러친 마당가 뒤뜰 구석에서도
웃통 벗고 등목하는 것 보이지 않으려고
앞집 옆집 아낙네가 넘어다 볼 수 없는
흙담장 밑에서도
등목 한번 시원히 못해 보고

곰소 젓갈 소금기가 밴 질마재 여름
짭짤하게 후줄근하게 덥던 8월 어느 날
등골까지 뜨겁게 익어버린 서당이 할아버지는
아낙네가 잘 다니지 않는 논두렁길 옆 방죽에서
시원히 목욕이나 한번 해 보는 판에
논두렁 아홉 개나 열 개나 멀리 아지랑 아지랑

지나가는 아낙네 물동이 보고 놀라
물속에 몸을 숙이고
지금도 몸을 숙이고
오래 오래 물속에서 살고 있는
조선 남자 서당이 할아버지는
지금도 부끄러워
70년 동안 방죽 물속에 숨죽이고 있다

쇠매뚱의 노래

우리 마을 뒷 잔등은 쇠매뚱입니다
우리 마을 등허리를 받쳐주는 등판입니다
키는 별로 크지 않지만
실하고 두툼한 등판입니다

수백 년 수천 년 흙으로 쌓아
떡 벌어진 어깨를 펴고 팔로 안아서
아들 딸 앞에 두고 뒷바람 막고 서 있는
사람들도 곡식들도 아주 안온하게
어깨동무하고 웃으며 자라게 하는 아버지입니다

봄에는 수풀 우거져 밤새도록 소쩍새 울고
여름에는 늙은 소나무 가지에서 그네를 탔네
가을에는 할아버지 새앙 지내며 떡 받아 먹고
겨울에는 눈 쌓인 언덕에서 미끄럼 탔네

그러나 우리가 담장 위로 키가 훌쩍 컸을 때
쇠매뚱은 우리를 무등 태워 앞을 보게 했네
이천 년간 왕의 무덤을 지키는 쌍나발등을
쌍나발등에 펼치고 살았던 풍요의 궁전을
그 풍성함과 아름다움과 평화로움을

생각해 보라 했네
찾아보라 했네

그리고 쇠매뚱은
더 멀리 멀리 앞을 보라 등을 떠밀었네
이 땅에 빛을 보내주는 방장을 보라 했네
새벽이면 빛을 보내 고창 땅을 비춰주는
방장을 보라 했네

그리고 쇠매뚱은
방장을 넘어 세상을 자유롭게 하고
모두가 푸른 희망을 갖게 하라고 했네
그리고 쇠매뚱은
이 땅은 염려 말고
모두 모두 앞으로 달려나가
모두 모두 높이 높이 날아 올라
쌍나발등을 넘어 방장을 넘어
세상을 맑고 밝게 하라고 했네

제 4 부

자화상

사랑과 미소로 부드럽게 할 수 있다는 것을
당신은 그릇도 안되는 저를 왜 자꾸
파도속에 굴려서 그릇을 만들려고 했던가를
그러나 무엇보다
세상은 용기로 밀고 올라가야 한다는 것을

방장산은 우리에게 무엇인가

방장산은 고창의 동쪽을 가로막고 있다
방장산은 고창에 해를 올려주는 산이다
방장산은 긴 산맥 굽이굽이마다 아우들을 거느린 채
큰형 같은 중함으로 높음으로
고창 하늘을 가로막고 있다가 밝음을 열어 주는 산
동서남북 천지를 분간할 때도 동쪽이 제일 먼저다
동쪽으로 오르는 해를 책임지는 방장산은
고창 사람에게
임금이다 스승이다 아버지이다
군사부 일체

고창 땅에서 동쪽을 맡고 있는
고창 땅에서 하늘 아래 맨먼저 엎드린
하루 일을 끝낸 황소가 엎드려 쉬고 있는
호남선 사거리역 기적 소리까지 막아버린
수천수만 년간 고창에 햇빛을 넘겨주고
비와 바람과 수풀을 섞어가면서 고창에
누런 황토를 깊이 깊이 다져놓은 산

방장은 고창을 가두고 고창을 밝히고
우리가 끝없이 올라가야 할 봉우리
우리를 키우고 우리에게 양식을 거두게 하는

우리를 끝없이 지켜주는 수호신
산이 중함을 산이 높아야 함을
알기까지는 소년이 되어야 했다
열세 살 까까머리
모표 달린 모자를 쓰는 소년이 되어야 했다

아침에 눈을 뜨면 방장산 위로 여명을 보고
아침밥을 먹으면 그 산 봉우리를 향해서
시오리 신작로를 뛰듯이 걸어
그 산 아래 학교에서 청운을 꿈꾸며
하루하루 몇 해를 청운을 꿈꾸며
훗날 방장산을 넘어서 13도 근역에
근역을 살리는 씨가 되겠다고
방장산을 보지 않고는 듣지 않고는
하루도 넘기지 못하는
우리네 고창 사람들

방장산은 고창 땅을 가두는 울타리였다
방장산은 해를 불러들이고
바람을 막아버리고 바람길을 터버리고
비를 막기도 내리게도 하는
열세 살 소년 소녀에게는 세상에서 제일 중한 산

방장산 이마 정수리만 바라보며 간다면
13도 근역에 씨가 될 수 있도록
밀어주는 산 끌어 주는 산

까까머리 머리 속까지 시린 까까머리 시절
백두산 다음으로 큰 방장산을 넘어가
세상을 마구 돌아다니다가
오십 년이나 찬바람 맞으며 돌아다니다가
그 산 넘어 다시 마을에 들어오니
아침에 그 산위로 여명이 밝아오고
조금 있다 올라오는 붉은 해를 기다리며
오십 년 전 키우던
부푼 가슴을 가져보는 것은
아 느지막에 받아보는
방장산 위 푸른 창공까지 날아오르는
가슴속 작은 창자까지 부풀어 오게 하는
목련꽃 흰 순애보

고인돌과 쌍나발등의 갑평리

청동기 시대 수많은 집채만 한 고인돌 마을
마한시대 모로비리국
백제시대 모량부리현
통일신라 때 고창현 무송현 장사현 상질현
지금은 고창군 아산면 상갑리
마을 등허리를 작은 언덕이 휘감아
북풍을 막고 앞마을 서당촌 잔등 사이에
기다란 논을 펴고 있네

마을 등허리를 왼쪽으로 돌아가면
널따란 들판
이천 년 전부터 고창 땅에서 첫째가는 갑평 들판
이천 년 전엔 모로비리국 일꾼이
천오백 년 전엔 모량부리현 일꾼이
천이백 년 전엔 모양현 보리마을 일꾼이
물대고 김매고 나락 거두었지

모로비리국 사람들은 죽은 사람을
저 들판 너머 인천강가 똘치산 자락에
집채만 한 크나큰 돌 밑에 장사 지내고
몇백 년 동안이나

아주 많은 가족들을 장사 지내고
세계에서도 가장 많이 돌무덤을 만들었다네

상갑리 앞 잔등 너머 이백 걸음 나아가면
옛날부터 전해 오는 전설 같은 왕들의 무덤
작은 야산인가 언덕인가 두 개의 쌍나발등

우리는 이제야 보았네
모로비리국의 우두머리 금동신발 두 켤레
청동죽엽형장식, 귀걸이, 곡옥, 큰칼,
칠기 화살통, 은제 탁잔
이천 년 전 신지 읍차의 부귀 영화
쌍나발등 땅속 깊이
이천 년이나 살아 남은 생생한 부귀 영화

우리는 이제야 알았네
이천 년 전 이곳에 우리의 할아버지 할머니
집덩어리만 한 큰 돌덩이를
이리 굴리고 저리 굴리고
강가에 나란히 고인돌 무덤을 만들면서
쌍나발등에는 왕 가족을 모시고

많고 많은 사람들이 곡식을 거두어서
휘황찬란 노래하며 별천지 이룬 것을

집덩어리 같은 바위 굴려 무덤 만들고
강가에서 고기 잡고 들판에서 곡식 거두고
왕의 무덤을 둘러싸고 노래하면서
천년 만년 영화를 누리려 했던
그 힘센 역발산의 우리 할아버지 할머니
모로비리국 마한 땅 우리 할아버지 할머니

이천 년 지나 오늘 우리는
집채 덩어리 바윗돌 움직이던 역발산의 힘
잠자리 날개 같은 금동신발 만들던 손재주
누구에게 내려왔나 하늘속에 사라졌나
아 그날로 돌아가고픈
고창군 아산면 갑평리 사람들

선운산 복분자

선운산을 넘어오는 칠산바다 갯바람에
짭짤한 갯바람에 석 달 열흘을 절이고
소요산 소쩍새 소리에 석 달을 밤새 뒤척이며
선운산 복분자는 짭짤하게 실하게 잘도 익었는데요

석 달 밤낮을 붉게 익혀
까맣게 붉은 선운산 짭잘한 복분자는
예부터 아주 먼 백제 위덕왕 여름날부터
힘없이 사그라지는 사람을
오줌발도 힘 있게 살려내곤 했답니다

지금도 6월이면
선운산 자락 복분자밭 고랑을 걸어가며는
짭짤하고 달콤한 복분자 익는 냄새에
온몸을 뜨겁게 밀고 오르는 힘을 느끼고
그 힘이 어떻게 생겨나는지 하도 궁금해
해마다 6월이면 사람들은
선운산 복분자밭을 뜨겁게 돌아다닙니다

백제 위덕왕 때 검단선사도
6월에는 한 달 동안 동트기 전에
선운산 복분자밭을 돌고 돌아 거닐면서

검붉은 복분자 뜨거운 기운으로 내공을 채우고
일당백 힘으로 도적 떼들을 때려 눕히고
선운산 깊숙한 고랑에 선운사를 세웠습니다

선(禪)에 대한 불꽃 튀는 논쟁으로
백파를 수년간 몰아붙이던 추사도
수십 년간 6월 새벽에 복분자밭을 거닐던
백파의 복분자 검붉은 선문수경 앞에
평생 동안 수행한 참선의 힘 앞에
굴복하고 마침내는
백파 말이 옳다고
백파 대율사 대기대용 비문까지 새겨 놓았고

녹두장군 전봉준 대장 아버지는
선운산에서 소요산에서 몇 년 동안
6월 복분자밭에 엎드려 책 읽고 기도하였다
숨죽이며 뱃속에 담았던 복분자 검붉은 힘을
10만 호국창의군을 이끌어간 그 뜨거운 힘을
녹두장군 전봉준에게 고스란히 물려 주었다

내 고장 6월은
선운산 고랑에 온통

그윽히 짭짤히 익어가는
달콤한 복분자의 힘
남자를 살리는 힘
나라를 살리는 힘

내 고장 6월은

내 고장 6월은
완두콩 줄기 푸르게 푸르게 뻗어서
노랗게 잘 익은 한 깍지 속에
여섯 일곱 형제 나란히 누워 있다

실한 놈 여섯 일곱 나란히 누워
숨소리 코고는 소리 듣고 있노라면
고구려 연개소문도 무섭지 않았겠네
수나라 100만 대군 벌벌 떨게 하던
연개소문도 무섭지 않았겠네 우리 어머니

내 고장 6월은
환웅의 마누라 웅녀 아가씨 굴속에서
깜깜한 굴속에서 백일 동안 참고 먹었던
아린 가슴 참고 먹어낸 마늘도 캐 보는데
마늘 캐는 내 등뒤에서
뻐꾸기는 벅차게
내 마음 가득 벅차게 우는구나

하여튼 완두콩이나 땅속 마늘이나
알알이 실하게 익고 영그는 것은
하늘과 땅이 힘을 합하여 그렇게 된 것이나

뻐꾹새의 울음도 종달새의 울음도
영글고 익게 하는데
보이지 않는 힘을 보탠 것이다

봄이 오면
뻐꾸기도 종달새도
어찌 알고 나를 찾아와
동트기 전부터 하루 꼬빡 울어주고
내 등줄기에 흐르는 땀방울 뒤에서 울어주고
나는 뜨거운 땀방울도 잊은 채
하늘 고요 속에 오직 퍼져 오는 음악 하나
나는 뻐꾸기 따라 노래하고 있네

적막한 산촌에
새소리마저 오지 않는다면
마을은 텅텅 비어 버리고
아이들도 없이 텅텅 비어 버리고
아무도 살지 않는 텅 빈 마을이 된다

뻐꾸기 종달새라도 울어 다오
동무들 없어도 너와 함께라면
내 고향 산천 아늑한 동산 지키며

나는 이곳에 살려네
뻐꾸기 종달새와 노래하며
누구라도 올 때까지 기다리며 살려네

임진년을 맞으며

2012년 임진년이 사흘 앞에 있다
요새 며칠은 참 춥다
한 해가 끝나갈 때면 한번씩 혹한이 다녀간다
세수한 후 문고리 잡으면 쩍쩍 얼어붙게 하던
밤새 윗목에 놓아둔 요강물을 얼게 하던
세검정 칼바람 북한산 강추위는 아니건만
오늘 아침 손등을 타고 오르는 한기
찬물에 아침밥 쌀 씻는 손 너무 시리다
어머니 칠십 년간 새벽밥 쌀 씻다가
얼음물에 얼어붙은 손가락 생각하면
영혼은 시려오고
내 시린 손은 멍멍해진다
요까짓것 추위야 아무것도 아니로다

임진년 하면 나에게는 420년 전
임금과 백성이 쫓겨가던 임진왜란이 떠오른다
시퍼런 총칼에 쓰러져간 선조의 영혼이 다가온다
몰아닥친 추위와 굶주림과 일본군의 총칼에
귀 잘리고 손 잘리고 목 잘리고 얼어 죽고
임진 정유 왜란 7년 동안 무참히 쓰러져간
원혼마저 구천을 떠도는
100만의 할아버지 할머니의 영혼을 생각한다

슬퍼도 살아야 하고
슬퍼서 살아야 했던 할머니들

오늘 아버지 어머니 무덤에 가 보았다
겨울 문풍지에 스며 들어오는 냉바람에
항상 웅크리고 모로 누워 계시던
그 모습이 어른거려
오늘 방장산 아래 무덤에 가 보았다
무덤 머리에 실금이라도 갈라지진 않았는가
자갈 하나 들어갈만한 자그만 구멍 하나라도 있는가
무덤 돌아가며 돌아가며 둘러 보았다
실금이나 구멍 사이로
얼음물 얼음 바람 들어 갔나 조마조마하며
오늘 웅크리고 누워 계실 어머니
잠자리를 보러 갔다

내년 봄엔 무덤 위에 더 두껍게 흙을 올리리라
황토빛 흙이불을 덮어 드리리라
찬바람 얼음물은 꼭 막아 드리리라

무덤 돌아 상원사 내려오는 길
방장산을 휘몰아치는 하이얀 눈바람

무덤가에 대나무 숲 흔들어 대네
날리는 눈가루 빈 하늘을 가리고
얼굴을 얼리네
임진왜란에 귀 잘리고 얼어 죽은 할아버지 할머니
새벽밥 쌀씻는 물에 손가락 얼었던 어머니
마음은 가라앉고 생각은 아득하고
육십 넘은 초라한 고목
가도 가도 부끄럽기만 하구나
무능 무력 무력했던
너무나 무심했던 차가운 바우
가도 가도 부끄럽기만 하구나

자화상

아버님 어머님 제가 고향 집을 떠나
도시와 바다와 사막을 떠돌다가
이제 사십 수년 만에 고향 옛집에 돌아왔습니다
아버님도 어머님도 하늘로 떠나시고
몇 년 동안 텅텅 비어 있는 그 집에 돌아왔습니다

라디오도 없어
나라가 세계가 어떻게 돌아가는지도 모르고
한 달에 한번씩이나 동아일보 한 장씩 얻어다가
서쪽 시정에서 반계 당숙이 읽어 주면
가장 빠른 뉴스로 모두들 귀담아 듣던
후루시쵸프가 더 세냐 존에프 케네디가 더 세냐
가가린이 최초로 우주여행을 하고
클레이가 벌처럼 날아 헤비급 챔피언이 되고
그런 새소식에 귀를 세우고
서쪽 시정으로 가는 무궁화 울타리에서
보리 잠자리 쌀 잠자리 풍뎅이나 잡으면서
늘 서쪽 시정으로 뉴스를 들으러 가고
그러다가 어느 날 도시로 나갔었지요

도산학교 6학년 2반 교실 벽에 붙여 놓은
나라를 찾기 위해 목숨 바친 사람들
스무 사람 위인 사진 밑에 있는 이름들 외우며
나도 나라를 위해 훌륭한 일 해야겠다고
그중에서도 진주강씨 강우규 의사
나의 문중 나의 자랑 진주강씨 독립투사
그 어른같이 나라 위해 훌륭한 일 하겠다고
누구도 보지 않게 두 주먹 불끈 쥐었던
마음은 큰 새암 샘물같이 맑았으나
심지는 초봄에 싹트는 보리 새싹같이 연약한
여리고 여린 약골 소년이 저였습니다

전깃불이 없어 호롱불 켜고
호롱불 켜고 책을 읽다가 졸며
앞머리칼 그을려 다음날 아침 학교에서
애들이 놀릴 때 난 밤 늦게 책 읽느라고
머리칼 그을린 걸 자랑스럽게 여기고
라디오도 없어 유선방송 스피커를
신작로 옆 가게집 담벼락 옆에서 해 넘어가는 줄 모르고
KBS 전주방송 어린이 노래자랑
2시간 넘게 스피커 방송 들으면서
도시를 동경하며

전깃불 휘황찬란한 도시를 동경하며
도시에서 큰 학교에 다니면서
큰 공부하여 나라에 큰 일 하겠다고
맘속으로 굳게 굳게 다짐하고
시오리 먼 길도 날아가듯 학교 다녔는데요

아버지 어머니
제가 책 읽고 키 커 가는 소리에
동지섣달 쌀가마 지고 화룡장 솔재 넘던 추위도
열 번도 넘는 제사 열댓 식구 뒷바라지
쌓이고 쌓인 종갓집의 힘겨움도 다 잊어버리고
논 서른 마지기로
서울 학교 보낼 생각만 하고
뒷바라지 할 생각은 깊이 해 보지도 않으시고
서울 학교만 보내며는 큰 사람 될 거라고
의지가지없는 땅
아무것도 모르고 서울 학교에 갔었습니다

그때 서울살이에서 제가 약골임을 알았습니다
가끔씩 아침밥 못먹고 버스에 매달려 등교하고
소보루 빵으로 점심 때우고
집에 돌아와서

콩나물 두 주먹에 고춧가루 간장 풀어서
고픈 배 밥으로 채우고 나면
밀려오는 졸음 안개낀 듯 흐리한 정신
서울에만 가면 큰 공부 아니었어요
약골인 저에게는 아니었어요
의지도 비위짱도 약해 빠진 저에게는 아니었어요

약골에 고질인 콧병
큰 새암 샘물같이 맑게 앞으로 달려가고 싶었으나
보리싹같이 연약한 의지
무거운 머리 속 초조한 심장
아버지 어머니도 몰랐습니다
저도 청년이 되어서야 알았습니다
제가 갈 수 없는 길을 가고 있다는 것을

그러나 오늘 뼛속까지 시린
고창 땅 삼십사 년 만에 영하 14도까지 얼어버린
임진년 정월 입춘 새벽에야 알았습니다
연약한 보리싹이 두꺼운 눈지붕을 뚫고 오르는 것을
강한 어깨 넘치는 완력 없어도
지혜와 덕으로 헤쳐 나갈 수 있다는 것을
빛나는 얼굴 뛰어난 달변 없어도

사랑과 미소로 부드럽게 할 수 있다는 것을
당신은 그릇도 안되는 저를 왜 자꾸
파도속에 굴려서 그릇을 만들려고 했던가를
그러나 무엇보다
세상은 용기로 밀고 올라가야 한다는 것을

지금 알게 된 걸 그때도 알았더라면
그길 아닌 다른 길로 갔으리라
초조해 하지 않고 서두르지 않고
실패를 두려워하지 않고
더 많은 용기를 가지고 산을 올라 갔으리라

눈짓도 모르는 바보 천치

간장이 찢어지거나
위장에 구멍나지 않고는 병원 안 가시는
사나흘 배고픔은 이빨만 앙당 물고 견뎌온
이겨냄과 견뎌냄은 하늘에서도 알아주는
우리 아버지 강천수(天秀-하늘 천, 빼어날 수)

86세 되던 초여름날
고창 땅 농가에서 울부짖음 서울까지 들려와
모내기로 한창 바쁜 농촌에서는
식구들 병원에 오라 가라 하게 할 수 없다고
서울 병원에 모시고 왔네

한 이틀 온갖 검사하고 난 뒤
담당의사 한다는 말이
폐의 3분지 2를 결핵균이 다 먹어버려
더는 사시기 어렵다 하네
울부짖음 고창에서 서울까지 울릴 때는
하늘에서도 알아주는 그 견뎌냄을
이번에는 견뎌내지 못했던 때문이네

하여튼 한 20일 강력한 약을 쓰면서
통증은 막아내고 아픔 참아냈지만

아버지도 이번에는 별수 없이 떠난다고 생각했네
그래선지 고향 집으로 자꾸 가자 하시네
눈에 익은 고향 하늘 보며 떠나려고 마음먹은 것이네

그러다가 갑자기 숨이 멈추고 죽음까지 갔는데
산소 호흡기 차고 숨을 돌리긴 했지만
더 큰 병원으로 서둘러 가라 하여
여의도 성모병원 응급실로 들어 갔는데
거기에서는 손발을 침대에 묶어 버리고
입에 재갈까지 물리고 나니
눈은 뜨고 있지만 숨쉬는 시체였네
그때부터 8일간 가신 날까지
말소리 기침 소리 듣지 못했네

나는 아주 바보였네
눈뜨고 있으면 살아 있는 거라고
눈만 뜨고 있으면 언제까지든 기다려야 한다고
그것이 자식이 해야 하는 효도라고

나는 아주 바보 천치였네
아버지가 눈으로 깜박이는 뜻도 모르고

8일 만에 스르르 눈 감으시네
서둘러 앰뷸런스 타고 고향 집에 누우시더니
눈 뜨시고 안방 둘러 보시고
어머니 당숙 조카까지 둘러 보시고
마지막으로 내 얼굴을 밀어 버렸네
진작 고향 집에 데려다 달라고 눈짓했는데
너 어찌 내 눈짓을 알지 못했느냐고

내 얼굴을 밀어 버리고 나서 아버지는
눈을 감으셨다 영영 눈을 감으셨다
아버지 눈짓도 여인의 눈짓도
아무 눈짓도 알아채지 못하는 나는
목석 같은 바보 천치다
누구는 눈빛만 봐도 안다고 하건만 나는
눈 뜨고도 알지 못하는 바보 천치다

아버지의 유물

아버지는 십오 세 소년 시절부터
유물만은 반드시
반드시 남겨야 한다고 생각했다

양손이 텅 비고
허기지고 찬바람 맞으면서도
유물만은 반드시 남겨야 한다고 다짐했다

장성 화룡장 쌀가마 지고
동트기 전 솔재 걸어 넘어갈 때도
서울역 목탄기차 밤새도록 꼬부라져서
섣달 그믐날 사거리역 양고살재 넘어올 때도
유물만은 반드시 남겨야 한다고 다짐했다

아버지에게 유물이란
할아버지 할머니와
위로위로 오대조 할아버지 할머니까지
누우실 따뜻한 자리와
대대로 제사 모셔야 할 논밭을 장만하고
힘을 다해 고이고이 사신 얘기를
씻기지 않게 돌에 새겨 비석을 세우는 일이었다

50까지는 이 일을
반드시 반드시 해낼 거라고 다짐했지만
너무 일찍부터 무진 힘을 쓰신 덕분에
40에 벌써
위토답 장만하고 따뜻한 남향 양지 녘에
터 잡고 비석 세우고 나니
마음이 하늘같이 고요하고
바다같이 널따랗게 넘쳐나서
유물이 더 큰 유물이 하늘에서 내려왔다
단군 할아버지도 큰집에 모셔야 하고
우리 할아버지도 기와집에 모셔야 한다고

갈재맥 받아온 성산기슭에
단군성전 세우고
우리나라 첫째 할아버지 나라 세운 뜻
고창 땅에 널리널리 알리고자 생각하였네

방장산 바라보며 인천강 굽어보는
400년 느티나무 갑평언덕에
죽계공 할아버지 모시고자 영모재 세우니
힘써 사신 그 길을 알려주려고 다짐하였네

10월 가을 하늘 푸르른 날에
영모재 지붕 보며 뜰을 거니네
기왓장 흘러내리고 기둥은 쇠락해 있네
목숨보다 더 귀한 할아버지 할머니 섬김
누가 있어 그 고귀한 뜻 이어갈 수 있으리

이제는 남기신 유업 나에게 왔네
기왓장 갈아 얹고 헌 기둥 살펴
꽃 심고 나무 가꿔 새롭게 하고
할아버지 할머니 힘써 살아온 일 잊지 않고
님이 남기신 말씀은 향기로 남게 하리

-2011년 10월 13일

어머니의 유물

어머니는 16세 소꿉장난하고 싶던
아무것도 모르고
소꿉장난이나 하고 싶던 어머니는
5대 종손 종갓집에 시집왔었네
원삼만 입고 족두리만 쓰면 신부가 되어 버리고
얼굴도 이마도 이빨도 모르고
60년 70년 울타리 속을 맴돌다가
허리 꺾이고 손발이 몽그라질 것도 모르고
우리 집에 시집 왔었네

시아버지 시어머니 대소가 많은 어른
어렵고 서러운 살림에 일 년 내내 찾아오는
열두 번도 넘는 제사 생일 날
아무것도 모르는 소꿉장난 16세 소녀는
시집온 날 그날부터
종갓집 법도를 말없이 눈치로 배웠네
층층 위아래 말붙일 사람 없고
사랑 사랑 끌어 주는 사람도 없었네
숟가락 젓가락 밥그릇 국그릇
시아버지 바지 저고리 시어머니 치마 적삼
몇 개인지도 알 수 없었네

종갓집은 큰집 작은집
큰일 작은일 모두 모여
아무 때나 일 년 내내 밥먹는 집
아무 때나 건너와서 밥상앞에 앉으면
내 밥에다 누룽지까지 긁어모아
한 그릇 채워 밥상 올리고
나는 누가 남기는 밥이나 기다리고
1년 내내 뱃속은 텅텅 비고
텅텅 빈 뱃속은 숨이나 채우고

그 법도 그 수발 70년간 지키다가
눈도 캄캄 귀도 어둑 어둑
손도 발도 몽그라지고
허리도 꺾이고 눈물도 마르고
70년간 둥글리며 닦으며 꿰매며
닳아버린 구석구석이 찢어지고 닳아버린
어디에 숨었는지 알지도 못하는
200개는 넘는 어머니 유물

며느리 누구에게 물려주려 이삼십 년 찾다가
영영 찾지 못하고 고스란히 남겨버린 어머니 유물
휭휭 돌아다니다 옆에도 오지 않는 며느리

며느리 손목도 잊어 버리고
넘겨주지 못하고 남아버린 어머니 유물

내가 50년이나 지나서
어머니 아버지 살다 가신 그 집에
추운 겨울날 혼자 누워 보니
아버지 어머니 겪고 지나간 추위와 몸부림을
그 방 그 윗목에 누워 보니
그것이 고스란히 내 속에 내 창자 속에 내려오네
하늘 떠나신 4년 전부터
아니 수족 거동 안되는 10여 년 전부터
며느리에게 물려 주려 했던 때묻은 유물들
먼지 속에 찬장 속에 숨죽이고 있네

나는 며느리 대신
50년 만에
어머니 눈감고 떠난
눈도 뜨지 못하고 숨소리 여위어 가던
70년 흙바람을 안고 살아온
겨울 한기 이기려고 웅크리고 모로 누웠던
냉기 어깨쭉지까지 떨리는 온돌방에

혼자 아득히 누웠다
4년 전 어머니 덮었던 그 이불 덮고서

나는 며느리 대신
어머니가 남긴 유물을 찾아 보았다
이방 저방 부엌 헛간 다니며
두달 세달 찾아 보았다
숟가랏 젓가락
스텐 밥그릇 국그릇
이백 개도 넘는 숟가락 젓가락 밥그릇 국그릇
양은 냄비, 솥단지, 걸림체, 떡시루 네 개
바구니, 키, 푸르스름한 요강

숟가락도 국그릇도 이백 개는 넘어야
종갓집 잔칫날 한꺼번에 밥을 먹었지
백철솥단지, 떡시루도 2개씩은 되어야
인절미, 시루떡, 가래떡도 쪄 냈지
종갓집 살림살이 반찬 그릇 몇 개인지
종갓집 어머니만 아시겠지
몇 달씩이나 나는 어머니 유물을 찾고 있다

어머니는 말〔言〕을 삼키다

어머니는 말이 주로 없었다
하루에 할 말은 이십 마디 넘지 않게
줄이고 줄여 말을 삼갔다
목에서 넘어오는 말을 삼켜 먹어 버렸다
말은 뱉을 것이 아니라
생각만 해두고
삼켜 버리는 것이 낫다고
그것이 살아가는데 훨씬 도움이 된다고

어머니 당신은
팔십 넘는 긴 세월 동안
가슴 가득히 끓어 오르는 말씀을
목구멍까지 솟구쳐 오르는 말씀을
가슴 저미는 한과 슬픔 가득한
그 많고 많은 쓰디쓴 말들을
용케도 모두 삼키고 살았습니다

당신이 평생 삼킨 말이
쌓여 흙이 된다면 작은 동산이요
흘러 물이 된다면
작은 시냇물은 이루었을 것입니다

보릿고개 늘상 찾아오는 농촌 살림에
스무 명의 식구 밥상 차려 낼 때
당신의 밥은
항상 밥그릇 밑바닥만 덮은 채
나는 육십 넘어 알았습니다
당신의 그 허기진 배를
오랫동안 삼킨 말들로 채워 왔다는 것을

가끔씩 넘어오는 말들을
눌러 눌러 내리고
가슴속에 모두 쌓고 쌓아 놓고
가슴이 가득 차버려
숨도 제대로 쉬지 못하고
그 말들은 녹아 없어지지도 않은 채
그냥 헛배만 부른 채
용케도 모두 삼키고 당신은
그래도 배탈 나지 않고 떠나셨습니다

80 넘어 입 오므릴 힘이 없어
넘어오는 말들을 삼키지 못할 때는
말로 뱉지 않고
차라리 침으로 흘러 버렸습니다

당신은 말 대신
손을 잡았습니다
손잡고 바라보는 것이
당신의 대화였습니다

나는 이제야 알았습니다
말은 뱉는 것보다
삼키는 것이 낫고 가끔씩은
허기진 배를 채워 주기도 한다는 것을

원시동 할머니

원시동 할머니는 우리 할머니시다
원시동은 할머니가 시집오기 전 살았던 친정 마을이다
내가 사는 상갑리에서 십 리나 떨어진 고수면 마을이다
스무 살이나 먹어 나중에 알았지만 원시동은
온수동이라는 이름이 발음하기 쉽게 바뀐 이름이다
우물물이 따뜻하게 솟구쳐 오른 온수(溫水)동 마을이다

고부 무장 동학 난리 한바탕 쓸어가고
먹을 것도 입을 것도 없던 고창 땅은
일본 사람 돌아다니고 조선 사람은 눈치 보고
조선 땅인지 일본 땅인지
누굴 섬기고 누굴 따라가야
먹고 살 수 있는지 막막하기만 하였네
우리 할아버지는 조선이 끝나가는 줄도 모르고
주자를 섬기고 고종황제를 섬기면서
일은 안하시고 밤낮 책이나 펼치고서
쟁기질도 안하시고 농사일은 아주 안했네

논 한 마지기에 쌀 2가마도 못먹던
서너 달 쌀밥 먹고는 일곱 달은 보리로 연명하던
보리도 떨어지면 무시밥 고구마밥이라도 먹어야 했던
조선의 농촌

허기진 뱃속으로 태극기 휘저으며 해방천지 맞았지만
곡간도 비어 버린 텅텅 비어 버린 우리 집
일도 안하고 대학 중용 읽고 있으면
세 끼 지을 양식은 어떻게 마련할까 할아버지는
쟁기질도 안하시던 할아버지는

어느 날 조선에 천자가 된다고 큰소리치던
차경석 보천교를 믿어서
그나마 짓던 예닐곱 마지기 논마저도
경복궁 같은 궁전 마을 정읍 땅으로 이사 가서
조선은 끝나고 내장산 앞에 큰 나라 세운다던
보천교 차경석 천자에게 바쳐 버리고
차 천자는 내년에 할아버지를 영광군수 보내준다고
천지공사를 이 땅에서 모두 이루어 놓고
극락 같은 세상 꼭 이루어 놓겠다고

대흥리 궁궐 안에서는 큰 부채 든 이쁜 두 처녀가
하루 종일 차 천자를 연꽃잎 같은 큰 부채로
용왕이 살던 바다 속 용궁 속에서처럼
춥거나 더웁거나 일 년 사시절
살살 간지러운 바람만 보냈었다네
조선의 경복궁 순종 황제도

도솔천 선녀들 사는 내원궁에서도 부러워하던
햇빛 찬란히 쏟아지는 차 천자 궁전

우리 할아버지 소년 시절에
일본은 조선을 합치고 청나라도 꺾어버리고
러시아도 꺾고 만주까지 철로 깔고 있는데
우리 할아버지는 안방에 앉아서
대학 소학 중용이나 읽고
주자의 운곡서당 깊은 말씀을 곰곰이 생각타가
갑자기 쏟아지는 소나기에
마당에 말리던 보리쌀마저 떠내려 보내시고
헛기침만 뱉어 내던 실속 없던 우리 할아버지

일 년에 열 번 넘게 찾아오는 조상님 제삿날
제사상에 올려야 할 떡과 메진지
쌀독은 비고 할아버지 하늘만 바라볼 때
할머니는 십 리 밖 친정에 가서
아우에게 부탁하여 쌀 닷말 얻어 가지고
십 리 길 이고 와서 제사 지냈네
우리 할머니는 1년에 열 번씩이나 제사 지냈네

배고픈 가난한 집에 늘상 제사가 돌아왔어도
어떻게든 모든 음식 제사상 차려 놓고는
하나뿐인 아들 일곱 조카들에게
곶감 하나까지 똑같이 나누어 주던
서너 달 전에 돌아가신 덕절아저씨
돌아가신 아저씨 장례식장에서 만났던 덕절아짐도
원시동 할머니는
지나가던 까마귀도 밥은 먹고 가게 해야 한다고 말했지
대나무 바구니 팔러 오는 담양 아짐들까지도 재워 주고
밥은 먹고 가게 했던
쌀독은 비었어도 누구라도 밥은 먹이는
밥을 지어내던 마술사 우리 할머니

아버지 독자라서 늘 조바심하던
대가 끊어질까 노심초사 하던
6대 종손 손자인 나를
몸이 약해 늘 감기 달고 사는 약골인 나를
튼튼한 사내로 키워보고 싶은 우리 할머니는
입맛 없다고 밥을 잘 안먹는 나에게
박대 한 마리 구워다가 고추장에 찍어 주기도 하고
귀하디귀한 김 몇 장 구워
백설같이 흰쌀밥을 싸서 먹여도 보고

그래도 밥 안먹는 6대 종손 손자 살려보려고
초여름 쭉나무 감나무 잎 막 피어나던 어느 날은
쓰디쓴 풋내 나는 익모초 한 사발을 먹이려고
십 원짜리 한 장을 쥐어주고서
밥 잘먹고 사탕도 사 먹으라 했네
너무너무 써서 바둥바둥 떨며 삼키던 익모초
절반은 흘려 쥐고 있던 10원짜리 지폐
푸릇푸릇 풀색으로 적셔버리고
쓴약 덕분인지 검은 초록 쓴약 안먹으려는 다짐인지
그 후로는 밥도 잘먹었네

오늘 나는 눈 감고 오십 년 전 걸었던 산길 오르네
십 리 밖 원시동 가는 소나무 사잇길로 달려 가네
지팡이 짚고 걸어가는 할머니 찾아가네
흰머리 곱게 빗어 은비녀 꽂은
동그란 얼굴 눈가의 주름 씰룩거리는 얼굴
할아버지 저승길 빌어주던 방장산 기슭 상원사
시주 쌀 두 됫박 이고
지팡이 짚고서 할아버지 묘 찾아가던 우리 할머니
흰눈 덮어버린 방장산 고갯길을 나는
오늘 할머니 손잡고 아늑히 올라가고 있네

장두 당숙모

우리 옆집 사는 장두 당숙모
이제 84세 먹은 이쁜 당숙모
성균관 학자였고 고창향교 전교도 지낸
머리끝까지 대학 논어 펼쳐 놓으시고
올해 햇빛 뜨거운 8월 초엿샛날 돌아가신
할아버지 할머니 넉넉하지 못하고 살기 힘들었지만
동네에서 제일 우애하고 살았다는 얘기만 하는
아이들이고 질부고 손부까지도
큰절 안하면 막 나무라시던
큰절만 받으면 기분 좋아 과일 사탕 마구 주시는
21세기 조선의 상갑리 키가 큰 선비
그 분 앞에서는 마음속 한 말씀도 대꾸 못하는
키 작고 부지런한 장두 당숙모
육십 세에 파마하겠다고 말 한번 꺼냈다가
옆집 우리 집까지 떠나갈 듯 천둥치는 바람에
84세 지금도 비녀 꽂은 조선의 정경부인

천성이 너무 부지런하여
새벽닭이 울 때까지는 누워 있지 못하는
새벽 4시에 일어나 돈부라도 까는
간밤에 마당에 쌓인 눈 5시에 쓸어내야 하는
스무 명이 넘게 사는 큰집 정지방에 살 때

새벽 네 시에 삐그덕 부엌문 열고 나가
학독에 보리쌀 갈고 가마솥에 새벽밥 안쳐
할아버지 할머니께 밥상 한번 올리고
일꾼 셋, 시숙, 시아재, 사십 리 성내면 대나실 사는
여기 와서 중학교 다니는
큰형님 친정조카까지 밥상 한번 올리고
큰집 10명이나 되는 조카들 밥상 한번 차려 주고
그리고 큰며느리 형님과 나는 밥상도 없이
땅바닥에 앉아 누룽지 한 사발

5년이나 큰집 살림 수발하며 화 한번 안냈다고
고을에서 제일 엄숙하고 장중했던 시아버지
5년이나 한 말씀 안하시다가
어느 날 쟁기질도 마음대로 이쁘게 잘 갈아지고
말없는 행실이 너무 너무 흡족하여
이쁘다 얌전하다 며느리 칭찬하셨네
사람이 가득 차고 기침 소리까지 가득하여
안 먹어도 사람 소리 사람 얼굴로 배부르는
스무 명도 넘게 사는 크나큰 큰집에
용머리 하나씨 숙실 하나씨도 늘상 오셔서
한번 오시면 칠팔 일씩 묵어가시고
아, 그 큰집에 사람도 풍년이었네

명주베 저고리 광목 치마 입고 살았고
어린애 키높이 토방까지 눈은 쌓이고
문고리까지 쩍쩍 얼어붙는 강추위에
고무장갑도 없는 맨손으로 찬물 빨래 설거지
그래도 그때가 훈훈했다고 살 만했다고
그래도 그때가 좋았다고 그리워하는
지금도 살짝 웃는 이쁜 장두 당숙모

지금 눈 내리는 옛 시골집 아랫목에 앉아
나는 당숙모를 졸라 옛날얘기 듣는다
마을을 가득 채웠던 올망졸망한 초가집들
골목마다 피어오르던 저녁 녘 희뿌연 연기
다가오는 설날 콩가루 장만하여
더운 김 올라오는 떡시루 나무판 위에 엎어놓고
온 식구 한방 가득 둘러 앉아
솥뚜껑으로 잘라내던 뜨끈뜨근한 인절미
정지문 열어보면 솥에서 올라가는 뜨거운 김으로
천장에 매달린 거미줄도 뜨거워 몸부림치던
가마솥에 찌는 자줏빛 팥 시루떡

지금 눈 내리는 옛마을 고향 집에서
눈감고 찾아가는 아득한 역사

앞산과 들판은 옛날처럼 흰눈 덮이고
대나무 숲에 몰아가는 눈바람 여전한데
사람소리 기침 소리 들리지 않고
할아버지 할머니 살았던 얘기
찬바람 눈보라 대나무숲 흔들고 가도
아늑한 고향 포근한 내 마음

* 장두 당숙모 : 장두는 댁호이다. 조선에서는 어른들의 성함을 부르지 않고 댁호를 불렀다. 댁호는 보통 시집온 부인의 친정 마을이름을 따서 지었다

* 용머리 하나씨, 숙실 하나씨 : 용머리, 숙실은 댁호이다. 하나씨는 전라도 지방에서 할아버지를 가리키는 방언이다. 장두 당숙모는 노인이신 시아버지를 5-6년간 옆방에서 모셨는데 처남 매부지간이던 용머리 하나씨와 숙실 하나씨는 두세 달에 한번씩 자주 오시고 한번 오시면 칠팔 일씩 묵고 가셨다 한다. 갓 시집온 신부가 그렇게 자주 노인 서너분 수발을 하셨으니 얼마나 힘들고 어려웠겠는가. 그러니 그 장중했던 시아버지가 얌전한 며느리의 행실을 5년 만에 칭찬하였다 한다.

■ 발문

영혼의 고양을 위한 비움의 미학

-강희석 시인의 처녀시집 발간에 부쳐-

박 호 영
〈시인 · 문학평론가〉

강희석 시인과 나는 고등학교 동창이다. 그러나 학교 다닐 적에는 그렇게 절친하지는 않았다. 사회에 나와서 그는 대기업 사원으로 근무하고 나 역시 대학에서 교편을 잡고 생활하면서 나는 그가 종사하는 분야에 문의 사항이 있어 그를 찾게 되었고, 그는 너무나 친절하게 나의 문의에 대해 답변을 해 준 기억이 있다. 학교 때 별반 친하지도 않았는데 그러한 호의를 베풀어준 그를 나는 다시 보게 되었고, 그 후 그가 시에 관심을 쏟으면서 더욱 사이가 가까워졌다. 이런 인연으로 과분하게 발문 부탁까지 받게 된 것이다.

내가 보기에 그는 이미 훌륭한 詩性을 갖춘 시인이다. 공자가 시는 '思無邪'라고 했듯이 시를 쓰려면 우선 마음이 깨끗해야 하는데, 내가 아는 한 강 시인은 너무나도 영혼이 맑다. 그가 번잡한 도시의 생활을 접고 고향으로 내려온 것도 맑은 영혼으로는 감당하기 힘든 일상의 부대낌 때문이 아니었나 한다. 물론 이제 시인으로서의 본격적인 출발을 하는 것이기에 시적 완성도에 있어 미숙한 점이 없는 바 아니지만, 이번 시집에 수록된 시들을 살펴보면 앞으로의 가능성을 예견케 하는 시들이 여러 편 있다.

가령 "아, 님은 오시는가 어디메 넘어 오시는가/ 흰모시 두루마기 부챗살 휘저으며/ 아직도 못다 말한 질마재 전설/ 석양빛 내리기 전에 들어야겠네"(「가을이 오는 질마재에서」)라든가 "조선 남자 서당이 할아버지는/ 지금도 부끄러워/ 70년 동안 방죽 물속에 숨죽이고 있다"(「서당이 할아버지 익사 사건」) 같은 시 구절들은 어느 누구의 시에도 뒤지지 않는 훌륭한 시적 감각이라고 생각한다.

더구나 그는 한국에서 가장 뛰어난 시인인 서정주 씨의 업적을 기리는 미당문학관에서 종사하며 그의 시혼과 함께 살고 있다. 그의 고향 역시 미당과 같은 고창인지라 그는 고향의 문화사업에 봉사하며 여생을 살고 있는 셈이다. 시를 쓰는 이로서 이처럼 부러운 일이 또 어디 있을까. 아마도 미당이 펼친 질마재 신화도 강 시인 때문에 더욱 풍요로워지리라 생각한다.

그는 시집 '작가의 말'에서 글을 쓴다는 것이 "머리 속을 어지럽게 하는 바람 같은 것을 비우는 것"이라고 밝히고 있다. 이번 시집의 발간으로 그의 머리 속은 이미 가벼워지고 맑아졌을 것이다. 뿐만 아니라 영혼의 고양까지 되었을 것이다. 그러기에 앞으로 나올 그의 두 번째 시집은 분명 괄목상대의 진경을 보여주리라 믿는다. 늦깎이 시인으로서의 첫 시집 상재를 진심으로 축하하며 이것으로 발문에 대신한다.

2012년 6월 6일

저자와의
협약으로
인지생략

강희석 시집

나는 암소를 죽였다

초판 발행 2012년 7월 20일

지은이 | 강 희 석
펴낸이 | 윤 해 규
주 간 | 김 효 열
편집장 | 김 경 희
펴낸곳 | **을지출판공사**

등록번호 | 제 2-741 호
등록일자 | 1985년 2월 14일
주 소 | 서울시 마포구 양화로6길 27-5(서교동) 301호
우편번호 | 121-840
전 화 | 02) 334-4050 · 4090
팩시밀리 | 02) 334-4010
E-mail : ejp4050@hanmail.net

값 10,000원

* 잘못된 책은 바꿔 드립니다.

ISBN 978-89-7566-136-5 03810